BEI GRIN MACHT SICH IHR WISSEN BEZAHLT

AF166489

- Wir veröffentlichen Ihre Hausarbeit, Bachelor- und Masterarbeit

- Ihr eigenes eBook und Buch - weltweit in allen wichtigen Shops

- Verdienen Sie an jedem Verkauf

Jetzt bei www.GRIN.com hochladen und kostenlos publizieren

Das Transaktionale Stressmodell, Social Identity Theory und Self Categorization Theory

Fabian Miller

Bibliografische Information der Deutschen Nationalbibliothek:

Die Deutsche Nationalbibliothek verzeichnet diese Publikation in der Deutschen Nationalbibliografie; detaillierte bibliografische Daten sind im Internet über http://dnb.d-nb.de abrufbar.

ISBN: 9783346924285
Dieses Buch ist auch als E-Book erhältlich.

© GRIN Publishing GmbH
Trappentreustraße 1
80339 München

Druck und Bindung: Books on Demand GmbH, Norderstedt Germany
Gedruckt auf säurefreiem Papier aus verantwortungsvollen Quellen

Das vorliegende Werk wurde sorgfältig erarbeitet. Dennoch übernehmen Autoren und Verlag für die Richtigkeit von Angaben, Hinweisen, Links und Ratschlägen sowie eventuelle Druckfehler keine Haftung.

Das Buch bei GRIN: https://www.grin.com/document/1381967

Einsendeaufgabe

Alternative C

abgegeben am 26. Juni 2023 über den Campus
SRH-Fernhochschule

Modul: Grundlagen und Methoden der kulturvergleichenden Psychologie
Studiengang: Wirtschaftspsychologie & Leadership

von
Fabian Miller
Studiengang: Wirtschaftspsychologie & Leadership

Inhaltsverzeichnis

1 Einleitung

2 Aufgabe A1

Die Stressforschung in der Wirtschaftspsychologie stützt sich auf verschiedene Methoden. Neben dem weit verbreiteten Transaktionalen Stressmodell von Lazarus und Folkman ist auch das biologische Modell von Selye bekannt. Letzteres beschreibt Stress als Reaktion des Körpers. Im Folgenden soll jedoch die Grundprinzipien und wesentlichen Komponenten des Transaktionalen Stressmodells dargestellt werden. Zudem wird ein passendes Beispiel aus dem arbeitsorganisatorischen Kontext entwickelt, um den Stressbewältigungsprozess nach Lazarus und Folkman zu veranschaulichen.

2.1 Das Transaktionale Stressmodell nach Lazarus und Folkman

Bevor das Stressmodell vorgestellt wird, muss zunächst auf die Grundlagen von Stressmodellen eingegangen werden. Dabei gibt es verschiedene Formen, u.a. das biologische, soziologische, gesundheitswissenschaftliche und psychologische Stressmodell. Das Modell von Lazarus und Folkman wird den psychologischen Stressmodellen eingeordnet.

In vielen Fällen treffen Menschen individuelle Entscheidungen darüber, wie sie mit Stress umgehen, indem sie die erlebte Situation einer subjektiven Bewertung unterziehen. Dabei wird analysiert, was genau geschehen ist und warum es negative Auswirkungen auf den eigenen Körper hat. Diese Bewertung ist höchst subjektiv und eng mit der Reaktion auf den Stress verbunden. Somit hängt die Bewältigung des Stresses nicht nur von den äußeren Umständen ab, sondern auch davon, wie eine Person die Situationen bewertet und interpretiert. In den psychologischen Stressmodellen gilt ein Reiz damit nicht automatisch als Auslöser von Stress, sondern die subjektive Wahrnehmung des Reizes. Sollte der Reiz subjektiv als Stressauslöser bewertet werden, gilt er auch als Stressauslöser – genauso auch andersherum.[1]

Lazarus gilt als wichtigster Vertreter der psychologischen Stressmodelle und versteht mit Folkman als psychologischen Stress „eine besondere Beziehung zwischen der Person und der Umwelt, die vom Individuum als etwas bewertet wird, was seine

---

[1] Vgl. Nikolai (2021.)

Ressourcen beansprucht oder überfordert und sein Wohlbefinden gefährdet".[2] Stress ist nicht objektiv beurteilbar, sondern von jedem Menschen individuell zu betrachten. Was bei jemandem Stress auslöst, muss bei einer anderen Person nicht auch so sein. Es hängt davon ab, wie die eigene Situation und Umwelt bewertet wird.[3]

Das Transaktionale Stressmodell von Lazarus und Folkman wurde 1984 entwickelt. Nach diesem Modell entsteht Stress, wenn eine konfrontierende Situation für einen Menschen als herausfordernd wahrgenommen wird. Meistens weiß der Mensch nicht, wie er mit dieser Situation umgehen soll. Damit kann jede Situation als Stressor erfasst werden. In der nachfolgenden Abbildung ist die Methode von Lazarus und Folkman dargestellt.[4]

Aus der Grafik können die zwei Phasen des Bewertungsprozesses gut erfasst werden. Der Prozess ist in primäre und sekundäre Bewertung untergliedert.

1. *Primäre Bewertung*

Die individuelle Bewertung von wahrgenommenen Reizen und deren Auswirkungen auf den eigenen Körper und die persönlichen Ziele spielt eine zentrale Rolle im Transaktionalen Stressmodell. Hierbei ergeben sich drei mögliche Bewertungskategorien: positive, irrelevante oder stresshafte Reize. Bei positiven Reizen geht die Person davon aus, dass sie positive Auswirkungen haben und somit einen Nutzen für das eigene Wohlbefinden bieten. Im Falle irrelevanter Reize erwartet die Person hingegen keine signifikante Beeinflussung durch diese Reize. Die entscheidende Bewertung erfolgt jedoch bei der Wahrnehmung stresshafter Reize. Hierbei spielen verschiedene Aspekte eine Rolle. Ein wichtiger Faktor ist die Einschätzung der Stresshaftigkeit des Reizes. Es wird beurteilt, ob der Reiz bereits einen Schaden oder Verlust verursacht hat, ob er eine potenzielle Beeinträchtigung der eigenen Person darstellt oder ob er als eine Herausforderung angesehen wird, die möglicherweise sogar positive Anreize birgt (lohnende Herausforderung). Sobald diese Bewertung abgeschlossen ist, beginnt die Phase der sekundären Bewertung.[56]

2. *Sekundäre Bewertung*

In der ersten Phase hat die Person festgestellt, welche Konsequenzen und welche Relevanz der wahrgenommene Reiz für sie haben könnte. In der zweiten Phase kommt es nun zu einer Abschätzung der verfügbaren Bewältigungsressourcen. Bewältigungsressourcen sind Fähigkeiten, welche eine Person bei bereits vergangenen Stresssituationen erlernt hat. Dies könnten beispielsweise das Selbstvertrauen,

---

[2] Nikolai (2021).
[3] Vgl. Ebenda.
[4] Vgl. Ernst/Franke/Frankowiak (2022).
[5] Vgl. Ebenda.
[6] Vgl. Klingenberg (2021), S. 41 ff.

materielle Ressourcen und soziale Unterstützungsmöglichkeiten sein. Zusätzlich dazu können allerdings auch Faktoren wie Zeit eine Ressource darstellen. Sollten wenig Ressourcen verfügbar sein, wird die Stressreaktion stärker ausfallen.[7] In dieser Phase wird allerdings auch bewertet, wie wichtig die Bewältigung der Situation für die Person ist. Nach Überprüfung der Bewältigungsressourcen wird abgewogen, wann und wie die Bewältigung stattfinden kann. Dabei werden Chancen und Risiken gegenübergestellt, um eine Bewältigungsstrategie zu finden.[8]

Im Anschluss an den Bewertungsprozess setzen Personen Bewältigungsstrategien in Form von Coping-Handlungen ein, um mit der wahrgenommenen Stresssituation umzugehen. Diese Bewältigungshandlungen können in zwei Hauptkategorien unterteilt werden, in instrumentelles Coping und emotionales Coping.

- das *instrumentelle Coping*, welches als problemorientiert gilt, legt den Fokus darauf die aktuelle Situation selbst zu ändern. Dies kann durch das Entwickeln eigener Problemlösungen, besseres Zeitmanagement und Setzen von Prioritäten passieren.

- das *emotionale Coping* versucht, den Bezug zur eigenen Situation zu ändern. Dies kann beispielsweise passieren, indem versucht wird ein gutes Wohlbefinden zu schaffen oder Kompromisse zu suchen.

Zuletzt findet die Neubewertung der Situation statt. Es wird entschieden, ob die als stresshaft wahrgenommene Situation beendet ist, sich verändert hat oder weiter anhält. Eine Veränderung der Situation könnte eine Verbesserung bedeuten, da z.B. aus einer erkannten Bedrohung nun eine erkannte Herausforderung geworden ist.[9][10][11][12]

2.2 Ausgangssituation

In einem führenden Unternehmen der Aufzugsbranche steht ein neues und dringendes Projekt an, bei dem eine hochmoderne Software für einen brandneuen Aufzug entwickelt werden soll. Die Anforderungen an dieses Projekt sind besonders anspruchsvoll, insbesondere was die Sicherheit der Benutzer, die Funktionalität und die Qualität der Software betrifft. Jedoch befinden sich die Mitarbeiter des Entwicklungsteams bereits

---

[7] Vgl. Ernst/Franke/Franzkowiak (2022).
[8] Vgl. Klingenberg (2021), S. 41 ff.
[9] Vgl. Ebenda.
[10] Vgl. Ernst/Franke/Franzkowiak (2022).
[11] Vgl. Trödel (2023).
[12] Vgl. Studyflix (o.J.).

aufgrund ihrer regulären Aufgaben und Verpflichtungen am Rande ihrer Kapazitäten. Nun müssen sie zusätzlich zu ihren üblichen Tätigkeiten eine enorme Arbeitslast bewältigen, um das Projekt innerhalb eines knappen Zeitrahmens erfolgreich abzuschließen. Es gilt, die Programmierung, das Testen und das Beheben von Fehlern in einer raschen Abfolge zu bewerkstelligen, um die Software termingerecht zu veröffentlichen.

Inmitten dieser stressigen Situation kann das Transaktionale Stressmodell von Lazarus und Folkman einem Mitarbeiter dabei helfen, wirksame Strategien zur Stressbewältigung anzuwenden.

2.3 Stressbewältigung nach Lazarus und Folkman

Wie im vorherigen Unterkapitel beschrieben, dreht es sich in dieser Situation um einen Reiz in Bezug auf den festen Termin zur Abgabe der Software. Dies ist dabei für einen Mitarbeiter enorm schwer zu bewerkstelligen, da auch noch andere Aufgaben anfallen. Es kommt wahrscheinlich zu vielen Überstunden, wobei die termingerechte Abgabe nicht sicher einhaltbar ist. Aus dieser Situation kommt es nun zu den ersten Schritten nach Lazarus und Folkman, begonnen mit der primären Bewertung.

Der Mitarbeiter der Abteilung erkennt sehr schnell, dass die gegenwärtige Situation keineswegs als belanglos oder gar positiv einzustufen ist. Im Gegenteil, aufgrund seiner bereits umfangreichen beruflichen Verpflichtungen erachtet er die vorliegende Lage als äußerst anspruchsvoll und herausfordernd. Ein umfassendes Arbeitspensum lastet auf seinen Schultern und ein beträchtlicher Druck liegt auf ihm, was dazu führt, dass er die Situation als äußerst stresshaft bewertet.

Nachdem er sich dieser Tatsache bewusst geworden ist, setzt der Mitarbeiter seine primäre Bewertung fort und untersucht eingehend, ob die vor ihm liegende Situation als eine Chance betrachtet werden kann, die ihm verbesserte, berufliche Perspektiven und eine erweiterte Arbeitskompetenz ermöglicht. Gleichzeitig prüft er jedoch auch, ob diese neue Aufgabe eine potenzielle Bedrohung für sein persönliches Wohlbefinden darstellt oder ob er möglicherweise einen Verlust oder Schaden durch die Übernahme dieser zusätzlichen Verantwortung erleidet. Die Beurteilung dieser Aspekte gestaltet sich keineswegs als einfache Aufgabe.

Auf der einen Seite eröffnet die erfolgversprechende Bewältigung der anstehenden Aufgabe realistischerweise die Möglichkeit, sich beruflich weiterzuentwickeln und in der Organisation sowohl Anerkennung als auch bessere Karrierechancen zu erlangen. Eine tadellose und zeitnahe Durchführung der Aufgabe würde zweifellos auf seine

Fähigkeiten und sein Engagement aufmerksam machen. Zusätzlich erwartet er eine angemessene Wertschätzung für seinen Beitrag. Doch andererseits lastet auf ihm ein erheblicher Stress. Angesichts der voraussichtlich erforderlichen Überstunden und der daraus resultierenden Beeinträchtigung seiner normalen Arbeitszeit sieht er sich mit den unvermeidlichen Auswirkungen auf sein Privatleben konfrontiert. Die verminderte Freizeitgestaltung und die Vernachlässigung von familiären und sozialen Bindungen könnten zu weiteren Belastungen führen. Vor diesem Hintergrund führt er eine sorgfältige Abwägung durch und kommt zu dem Schluss, dass die potenzielle Bedrohung für ihn überwiegt. Die negativen Konsequenzen der zusätzlichen Arbeitsbelastung überwiegen in seinen Überlegungen deutlich.

Im Anschluss erfolgt die eingehende sekundäre Bewertung der Situation durch den Mitarbeiter. Dabei prüft er gewissenhaft, ob über ausreichende Ressourcen zur Bewältigung der vorliegenden Herausforderung verfügt werden kann. Der Mitarbeiter erkennt, dass er bereits Erfahrung im Umgang mit knappen Zeitvorgaben besitzt, da er bereits in früheren beruflichen Tätigkeiten mit Zeitdruck konfrontiert war. Diese Fähigkeit zur effektiven Arbeitsorganisation unter Zeitdruck stellt für ihn eine wertvolle Ressource dar, die ihm bei der Bewältigung der aktuellen Situation zugutekommt. Zudem verfügt er über fundierte Kenntnisse und Fertigkeiten im Bereich des Programmierens, die es ihm ermöglichen, rasche Fortschritte bei der Entwicklung der Software zu erzielen. Hierbei greift er auch auf neue Techniken zurück, die er sich eigenständig angeeignet hat, um seine Effizienz weiter zu steigern. Des weiteren profitiert der Mitarbeiter von der Zusammenarbeit mit hochqualifizierten und verlässlichen Teammitgliedern in seiner Projektgruppe. Auf diese kompetenten Kollegen kann er sich verlassen, was die Gesamteffizienz des Teams und die Bewältigung der Aufgaben maßgeblich unterstützt. Jedoch stellt der Faktor Zeit eine entscheidende Herausforderung dar. Die Softwareentwicklung muss in einem engen Zeitfenster abgeschlossen werden, was innerhalb der regulären Arbeitszeit nicht realisierbar ist. Es bedarf daher einer zusätzlichen Investition von Arbeitsstunden, um das angestrebte Ziel zu erreichen.

Nach einiger Überlegung und einem konstruktiven Austausch mit seinen Kollegen ist dem Mitarbeiter bekannt, dass das Unternehmen jedem Arbeitnehmer die Möglichkeit einräumt, bis zu 50 Überstunden zu leisten. Diese zusätzlichen Arbeitsstunden können zu einem späteren Zeitpunkt durch den Ausgleich mit Gleitzeittagen kompensiert werden. Der Mitarbeiter befindet sich derzeit nicht im Überstundenbereich, was ihm die Gelegenheit gibt, sich verstärkt dem aktuellen Projekt zu widmen und längere Arbeitszeiten in Kauf zu nehmen, um das Projekt in kürzester Zeit abzuschließen. In Anbetracht dieser Tatsache betrachtet der Mitarbeiter diese Option als äußerst günstig und ideal, um sich intensiv dem Projekt zu widmen. Dank des Engagements des Teams ist es äußerst wahrscheinlich, dass das Projekt fristgerecht abgeschlossen werden kann. Abschließend erkannte der Mitarbeiter durch das neue Projekt die anspruchsvolle Situation. Diese hat einen Einfluss auf sein Privatleben und damit seine Freizeit, was großen Stress in ihm auslöst. Durch die Prüfung der zur Verfügung stehenden Ressourcen stellt er jedoch fest, dass er gute Kenntnisse wie Erfahrung mit Zeitdruck, Programmierung und zudem Unterstützung durch Teammitglieder hat. Dies wird ihm bei der Bewältigung des Problems helfen. Er betrachtet die Situation als günstig, bis zu 50 Überstunden zu nehmen, um sich intensiv dem Projekt zu widmen. So kann das Projekt wahrscheinlich abgeschlossen werden.

3 Aufgabe A2

Die Theorie der Sozialen Identität wurde von Henri Tajfel und John Turner geprägt. Es handelt sich dabei um eine sozialpsychologische Theorie mit intergruppalen Prozessen. Als Ziel gilt es, die Differenzen zwischen den intergruppalen Prozessen zu erklären, wobei der Fokus auf dem Menschen liegt. Beispielhafte Fragen sind dabei „Warum werden Bezugsgruppen von Menschen gegen andere Gruppen abgegrenzt?" oder „Warum werden Fremdgruppen von einigen Menschen abgewertet?".[13]

3.1 Social Identity Theory (SIT)

Die Social Identity Theorie (SIT), auch als Soziale Identität bezeichnet, befasst sich mit der Untersuchung der einzigartigen Bedürfnisse und Motive, die dazu führen, dass soziale Konflikte zwischen einer eigenen Gruppe und einer externen Gruppe ausgetragen werden. Im Fokus steht die Frage, warum Menschen bereit sind, sich auf diese Konflikte einzulassen. Obwohl die Theorie im Laufe der Zeit mehrfach modifiziert wurde, blieb ihr grundlegender Kern unverändert.[14][15]

Die Social Identity Theorie basiert auf der Grundannahme, dass Menschen soziale Vergleiche zwischen verschiedenen Gruppen anstellen, die für die Bewertung ihrer eigenen sozialen Identität von Bedeutung sind. In diesen Vergleichen werden die Unterschiede zwischen der eigenen Gruppe, auch als "Ingroup" bezeichnet, und einer

---

[13] Vgl. Zick (2005), S. 410 ff.
[14] Vgl. Mummendey/Otten (2002).
[15] Vgl. Six (2019).

anderen, unbekannten Gruppe, der "Outgroup", herausgearbeitet. Das Ziel dieses Prozesses ist es, die positive Selbstbewertung im Rahmen der sozialen Identität zu stärken.[16]

Es bestehen vier zentrale Konzepte für die SIT:

- *soziale Kategorisierung,*
- *sozialer Vergleich,*
- *soziale Identität* und
- *positive Unterscheidung.*

Im Kontext der sozialen Dynamik spielen *soziale Kategorisierungen* eine entscheidende Rolle. Indem Menschen ihre Umwelt in Eigen- und Fremdgruppen unterteilen, ermöglichen sie Bewertungsprozesse im sozialen Raum. Diese Bewertungen richten sich hauptsächlich auf die positive Hervorhebung der eigenen Gruppenzugehörigkeit und zielen darauf ab, möglichst viele positive Merkmale und Eigenschaften innerhalb dieser Gruppe zu finden. Die Kategorisierung fungiert als ein Instrument zur Orientierung in der komplexen sozialen Realität und zur Bestimmung des eigenen Platzes darin.[17][18]

Im Rahmen der sozialen Kategorisierung werden Bewertungsprozesse initiiert, die im Grunde genommen auf sozialen Vergleichen basieren. Dabei werden die eigenen Gruppenzugehörigkeiten mit anderen Gruppen verglichen, wobei eine Tendenz besteht, die eigene Gruppe positiv zu bewerten und andere Gruppen abzulehnen. Das Ziel dieser Vergleiche besteht darin, möglichst viele positive Attribute und Eigenschaften zu identifizieren, auf denen die eigene Gruppe besser abschneidet.

Dadurch wird eine möglichst positive *soziale Identität* erreicht. Soziale Identität ist nach Tajfel „der Teil des Selbstkonzepts eines Individuums, der sich aus dem Wissen um seine Zugehörigkeit zu einer sozialen Gruppe (oder Gruppen) sowie aus dem Wert und der emotionalen Bedeutung, die dieser Zugehörigkeit beigemessen werden, ergibt".[19]

Um eine positive Abgrenzung der eigenen Gruppe von externen Gruppen zu erzielen, stehen verschiedene Strategien zur Verfügung. Eine Möglichkeit besteht darin, einen direkten sozialen Wettbewerb zu erschaffen und die externe Gruppe abzuwerten. Hierbei werden bewusst Unterschiede betont und negative Stereotypen verwendet, um die Überlegenheit der eigenen Gruppe hervorzuheben. Eine alternative Strategie ist die

---

[16] Vgl. Mummendey/Otten (2002).
[17] Vgl. Ebenda.
[18] Vgl. Six (2019).
[19] Taijfel, H. (1978), S. 63.

Anwendung von sozialer Kreativität. Hierbei werden zusätzliche Vergleichsdimensionen eingeführt, auf denen die eigene Gruppe besser abschneidet. Dies ermöglicht es, die positiven Aspekte der eigenen Gruppe zu betonen und die Wahrnehmung der eigenen Gruppe als überlegen zu verstärken. Durch die Hinzufügung dieser neuen Vergleichsdimensionen werden alternative Kriterien geschaffen, auf denen die eigene Gruppe erfolgreich ist.[20]

Neben den eigenen subjektiven Vergleichsdimensionen spielen auch soziale Netzwerke eine Rolle bei der Verzerrung der Wahrnehmung. Die Wahrnehmung von Minderheitsgruppen kann dort zu einer Über- oder Unterschätzung führen, wodurch sich bestimmte Vorstellungen und Eindrücke verfestigen. Menschen tendieren dazu, ihre Wahrnehmungen aufgrund der Strukturen ihres eigenen Netzwerks zu begrenzen, was zu einer eingeschränkten und nicht repräsentativen Wahrnehmung führt. Die Ausprägung dieser Wahrnehmungsverzerrungen variiert je nachdem, wie die Verteilung von Mehrheits- und Minderheitsgruppen in einer Gruppe aussieht und wie stark der Einzelne mit ähnlichen oder unähnlichen Netzwerken verbunden ist. Dies kann zu starken Fehleinschätzungen gegenüber anderen Gruppen führen, wobei die eigene Gruppe oft überschätzt, und die externe Gruppe unterschätzt wird.[21]

3.1.1 Beispiel

Ein gutes Beispiel, um das zuvor beschriebene Konzept zu erklären, ist eine Situation an einer Universität. Angenommen es gibt eine Uni-Gruppe, welche sich selbst als sehr intelligent, engagiert und erfolgreich definiert (Gruppe A). Diese Gruppe grenzt sich von anderen ab, um ein besseres Gefühl zu haben.

Die Gruppe A teilt die Umwelt um sich herum in verschiedene Kategorien. Zunächst gibt es ihre Gruppe, welche sie selbst als Elite ansehen, und eine andere Gruppe, welche sie als durchschnittlich halten (Gruppe B). Durch diese Einteilung in verschiedene Kategorien erleichtern sie die eigene Bewertung der Gruppenzugehörigkeit und zeitgleich auch die Suche nach positiven Eigenschaften, welche sie selbst auszeichnen.

Die Mitglieder von Gruppe A vergleichen sich in verschiedenen Situationen immer wieder mit Gruppe B. Zum Beispiel, wenn es um die aktive Beteiligung am Universitätsleben geht. Dabei neigen sie stets dazu, sich selbst als äußerst engagiert und mitarbeitsfreudig zu betrachten. Sie lästern häufig über Gruppe B und bemängeln die geringe Beteiligung.

---

[20] Vgl. Six (2019).
[21] Vgl. Stangl (2023).

Diese geringe Beteiligung interpretieren sie als Zeichen von Unwissenheit und Dummheit. Sie betrachten ihr eigenes Wissen als herausragend und präsentieren oft ihre eigenen Erfolge, um ihre Überlegenheit zu betonen. Selbst fühlen sich die Mitglieder der Gruppe A stark mit dieser verbunden. Sie schätzen das eigene Wissen und den Erfolg als Mitglied dieser Gruppe.

Zuletzt wird innerhalb der positiven Unterscheidung bewusst Unterschiede angesprochen, um die Gruppe B abzuwerten. Als Stereotype werden beispielsweise faule Menschen genannt, um sich selbst hervorzuheben. Gespräche über die Gruppe B könnten zum Beispiel folgendermaßen aussehen: „Die Mitglieder der Gruppe B sind zu faul, um irgendwas in ihrem Leben zu erreichen. Wir haben das Wissen, um immer besser zu sein als sie."

Dazu werden auch Strategien der sozialen Kreativität genutzt, um neue Vergleiche einzuführen. Entgegnet beispielsweise jemand aus der Gruppe B, dass die Mitglieder wesentlich mehr Freizeit besitzen, wird dies mit Vergleichen gekontert. Sie könnten betonen, dass die Mitglieder der Gruppe A im folgenden Leben finanziell erfolgreicher werden, da sie aktuell mehr Mühe und Engagement in die Ausbildung stecken.

3.2 Self Categorization Theory (SCT)

Im Gegensatz zur Sozialen Identitätstheorie (SIT) betrachtet die Selbstkategorisierungstheorie (SCT) das Verhalten auf interpersonalen und intergruppalen Ebenen als Determinanten der persönlichen oder sozialen Identität. Dabei sind die persönliche und soziale Identität Bestandteile des Selbstkonzepts. Die persönliche Identität bezieht sich auf die Selbstkategorisierung einer Person im Vergleich zu anderen (Ähnlichkeiten und Unterschiede – „ich gegen die"). Im Gegensatz dazu bezieht sich die soziale Identität auf die Selbstkategorisierung von Mitgliedern bestimmter Gruppen im Vergleich zu anderen („wir gegen die"). Somit ist die soziale Identität im Vergleich zur persönlichen Identität breiter angelegt. Wenn Personen ihre Identität auf Gruppenebene betrachten, werden Ähnlichkeiten und Unterschiede zwischen ihnen berücksichtigt. Die wahrgenommene Vielfalt zwischen den Gruppen nimmt zu, während sie innerhalb der Gruppe abnimmt. Innerhalb der SCT werden drei Ebenen als besonders bedeutsam erachtet: die individuelle Ebene (das Selbst als Einzelperson), die Gruppenebene (das Selbst als Teil einer sozialen Kategorie) und die Mensch-Tier-Ebene (das Selbst als menschliches Wesen). Diese verschiedenen

Ebenen der Identifikation unterscheiden sich nicht in Bezug auf bestimmte Merkmale, sondern lediglich durch den Kontext, in dem der Vergleich stattfindet.[22]

1. Individuelle Ebene

Die Selbstkategorisierung und Wahrnehmung anderer Menschen hängt von unserem sozialen Umfeld ab und wird durch den sogenannten Meta-Kontrast beeinflusst. Wenn wir eine Gruppe von Menschen betrachten, tendieren wir dazu, sie umso stärker einer gemeinsamen Kategorie zuzuordnen, je weniger Unterschiede wir innerhalb dieser Gruppe wahrnehmen im Vergleich zu den Unterschieden zwischen dieser Gruppe und anderen Gruppen im gleichen Kontext.

2. Gruppenebene

Wenn Menschen sich stark mit einer bestimmten sozialen Gruppe identifizieren, neigen sie dazu, ihre individuellen Merkmale und Eigenschaften weniger zu betonen und stattdessen die gemeinsamen Merkmale und Normen der Gruppe in den Vordergrund zu stellen. Die Bedeutung und Aktivierung der Selbstkategorie kann dabei von persönlichen Erfahrungen und Erlebnissen abhängen, die das Gefühl der Zugehörigkeit und Identifikation mit der Gruppe verstärken oder schwächen können.

3. Mensch-Tier-Ebene

Wenn Menschen in einer Gruppe interagieren, tendieren sie dazu, ihre eigenen Merkmale und Eigenschaften zugunsten der gemeinsamen Merkmale und Normen der Gruppe in den Hintergrund zu stellen. Durch diese Depersonalisierung entsteht ein Zusammengehörigkeitsgefühl und eine Identifikation mit der Gruppe. Wie Menschen sich kategorisieren, ist von persönlichen Erfahrungen und dem Kontext abhängig. Durch die eigene Definition der Identität in Bezug auf andere Gruppen, kann sich die Selbstkategorisierung inhaltlich verändern.[23][24]

3.2.1 Beispiel

Nachfolgend werden die Beispiele in die unterschiedlichen Ebenen unterteilt, um den Aufbau sinnvoll zu gestalten.

1. Individuelle Ebene

Ein anschauliches Beispiel hierfür ist die Katogorisierung von Polizisten. Innerhalb eines bestimmten Dienstgrades ordnen sich alle Polizisten dieser Kategorie zu, wobei die individuellen Unterschiede zwischen ihnen innerhalb desselben Dienstgrades

---

[22] Vgl. Mummendey/Otten (2002).
[23] Vgl. Ebenda.
[24] Vgl. Spektrum (2000).

weniger hervorstechen als die Unterschiede zu Polizisten eines anderen Dienstgrades. Dieser Effekt des Meta-Kontrasts führt dazu, dass wir dazu neigen, Gemeinsamkeiten innerhalb unserer eigenen Gruppe zu betonen und Unterschiede zu anderen Gruppen stärker wahrzunehmen.

2. *Gruppenebene*

Im Beispiel der Polizisten erweist sich der Dienstgrad als eine präsente Selbstkategorie. Der Dienstgrad nimmt in zahlreichen Situationen eine maßgebliche Rolle ein und bestimmt eine Vielzahl von Faktoren wie z.B. das Einkommen. Bei einer Veranstaltung mit Sitzreihen und einem Sitzplan nach Dienstgrad, wird eine Übereinstimmung zwischen der Kategorie „Dienstgrad" und der Situation hergestellt. Die räumliche Trennung der Sitzordnung basierend auf dem Dienstgrad schafft eine deutliche Übereinstimmung, wobei den höheren Dienstgraden bevorzugte Sitzplätze zugewiesen werden, während die niedrigeren Dienstgrade eine untergeordnete Position einnehmen.

3. *Mensch-Tier-Ebene*

Für Polizisten ist die Kategorisierung nach Dienstgraden nicht die einzige Art der Selbstkategorisierung. In Situationen wie beispielsweise Konfrontationen zwischen Protestanten und der Polizei wird die Kategorisierung in "Polizei" und "Protestanten" bedeutend. In solchen Situationen wird erwartet, dass sich Polizisten und Protestanten in ihrem Verhalten sowohl gegenüber ihrer eigenen Gruppe als auch gegenüber der anderen Gruppe ähnlicher verhalten. Individuelle Unterschiede werden dabei weniger beachtet. Was zählt, ist die Zugehörigkeit zur eigenen oder externen Gruppe.

4 Aufgabe A3

Im vorliegenden Abschnitt soll nun ausführlich erörtert werden, inwiefern der Ansatz des Transaktionalen Stressmodells eine interkulturelle (universelle) Gültigkeit erlangen kann, indem er um die Konzepte der Social Identity Theory (SIT) und der Self-Categorization Theory (SCT) erweitert wird. Zunächst werden die Konzepte kurz dargestellt.

In der Aufgabe A1 wurde bekannt, dass das Transaktionale Stressmodell von Lazarus und Folkman den Einfluss der subjektiven Bewertung auf den Stress einer Person beschreibt. Nach diesem Modell entsteht Stress, wenn eine Situation als herausfordernd wahrgenommen wird und die Person unsicher ist, wie sie damit umgehen soll. Das Modell besteht aus zwei Phasen der Bewertung: der primären und der sekundären Bewertung. In der primären Bewertung bewertet die Person den Reiz als positiv, irrelevant oder stresshaft. Bei stresshaften Reizen werden verschiedene

14

Aspekte wie die Einschätzung der Stresshaftigkeit und die möglichen Auswirkungen auf die Person berücksichtigt. In der sekundären Bewertung werden die verfügbaren Bewältigungsressourcen, wie Fähigkeiten und soziale Unterstützung, eingeschätzt. Die Bedeutung der Situation für die Person wird ebenfalls bewertet, und es wird abgewogen, wie die Situation bewältigt werden kann. Anschließend setzt die Person Bewältigungsstrategien, wie instrumentelles oder emotionales Coping, ein, um mit dem Stress umzugehen. Schließlich erfolgt eine Neubewertung der Situation, um festzustellen, ob sich etwas verändert hat.

Die Social Identity Theorie untersucht die Gründe für Konflikte zwischen der eigenen und einer externen Gruppe. Die Theorie basiert auf der Annahme, dass Menschen soziale Vergleiche zwischen Gruppen anstellen, um ihre eigene soziale Identität zu bewerten. Dabei werden Unterschiede zwischen der eigenen Gruppe (Ingroup) und einer anderen Gruppe (Outgroup) hervorgehoben, um die positive Selbstbewertung zu stärken. Die SIT umfasst die Konzepte der sozialen Kategorisierung, des sozialen Vergleichs, der sozialen Identität und der positiven Unterscheidung. Soziale Kategorisierung ermöglicht Bewertungsprozesse und die Identifikation positiver Merkmale innerhalb der eigenen Gruppe. Beim sozialen Vergleich tendieren Menschen dazu, die eigene Gruppe positiv zu bewerten und andere Gruppen abzulehnen. Ziel ist eine positive soziale Identität.

Die Selbstkategorisierungstheorie (SCT) betrachtet das Verhalten auf interpersonalen und intergruppalen Ebenen als Determinanten der persönlichen oder sozialen Identität. Sie unterscheidet zwischen persönlicher Identität (individuelle Selbstkategorisierung) und sozialer Identität (Gruppenselbstkategorisierung). Die SCT betont drei Ebenen der Identifikation: individuelle Ebene, Gruppenebene und Mensch-Tier-Ebene. Auf jeder Ebene werden Ähnlichkeiten und Unterschiede berücksichtigt, wobei die wahrgenommene Vielfalt zwischen Gruppen zunimmt und innerhalb der Gruppe abnimmt.

Im Rahmen der Diskussion über die interkulturelle Gültigkeit des Ansatzes ist es zunächst von grundlegender Bedeutung, eine klare Definition dessen zu erlangen, was unter interkultureller Gültigkeit zu verstehen ist. Das isolierte Wort "interkulturell" bezieht sich gemäß unterschiedlichem Quellen auf eine gemeinsame Relevanz für mehrere Kulturen.[25] Der Duden definiert den Begriff beispielsweise als "die Beziehungen zwischen verschiedenen Kulturen betreffend".[26] In ähnlicher Weise bezeichnet Huxel

---

[25] Vgl. Wortbedeutung (o.J.).
[26] Duden (o.J.).

"interkulturell" als ein häufig verwendetes Adjektiv, das sich auf die "kulturelle Differenz und den Umgang damit" bezieht.[27]

Der Begriff „Gültigkeit" ist eine Eigenschaft von Aussagen, es zeigt, ob „eine Aussageform beim Einsetzen verschiedener Werte anstelle der Variablen immer wahr ist".[28] Also ist etwas gültig, wenn z.b. aus einer falschen Annahme kein richtiges Ergebnis folgt. Zusammengefasst bedeutet „interkulturelle Gültigkeit" also die Gültigkeit, wenn etwas auf unterschiedliche/verschiedene Kulturen zutrifft.

Unter Verwendung der Kreativtechnik des Brainstormings wurden im vorliegenden Kontext verschiedene Standpunkte in Bezug auf die interkulturelle Gültigkeit dieser These gesammelt, sowohl zustimmende als auch ablehnende. Wenn die These aus einer ablehnenden Perspektive betrachtet wird, liegt beispielsweise der Fokus auf kulturellen Unterschieden. Menschen aus unterschiedlichen Kulturen könnten verschiedene Wertesysteme, Normen und Glaubenssätze aufweisen. Dies wird beispielsweise bereits durch die Vielfalt der Religionen wie dem Christentum und dem Islam deutlich. Solche Unterschiede könnten zu einer unterschiedlichen Wahrnehmung von Stress und dessen Bewertung führen. Das transaktionale Stressmodell (TSM) in Verbindung mit den Ansätzen der sozialen Identitätstheorie (SIT) und der Selbstkategorisierungstheorie (SCT) könnte diese kulturellen Unterschiede möglicherweise nicht ausreichend berücksichtigen, was die Annahme einer universellen Gültigkeit in Frage stellt. Des Weiteren könnten die Auslöser von Stressoren in verschiedenen Kulturen unterschiedlich sein. Nur weil beispielsweise in Deutschland eine knappe Projektabgabe Stress verursacht, bedeutet dies nicht zwangsläufig, dass es in Japan genauso empfunden wird.[29] Möglicherweise wird dort eine solche Situation eher als Chance für die berufliche Weiterentwicklung wahrgenommen. Darüber hinaus ist anzumerken, dass auch die Bewältigung von Stress und die vorhandenen Unterstützungssysteme in verschiedenen Kulturen unterschiedlich sein könnten. Verschiedene Kulturen könnten verschiedene Methoden und Strategien entwickelt haben, um mit Stress umzugehen und diesen zu bewältigen. Diese Bewältigungsstrategien könnten sich signifikant von den Ansätzen des transaktionalen Stressmodells (TSM) unterscheiden, was wiederum zu ungenauen oder ineffektiven Lösungen führen könnte, wenn das TSM als universeller Maßstab angewendet wird. Dies bestätigt eine Studie von Ben C.H. Kuo aus dem Jahr 2011. Er entdeckte, dass beispielsweise in Asien die Bewältigungsmethode Rückzug sehr bekannt sei, im Vergleich dazu sind spirituelle Bewältigungsmethoden unter Afroamerikanern weit

---

[27] Huxel (2013).
[28] Schulz (2023).
[29] Vgl. Li (2020).

verbreitet.[30] Als weitere ablehnende Studie, die getätigte Annahme bestätigt, kann beispielsweise die von Takeshi Hamamura genannt werden.[31]

Allerdings behauptet der Autor dieser wissenschaftlichen Hausarbeit, dass es eine interkulturelle Gültigkeit gibt. Dafür sprechen für ihn folgende Punkte:

- *Weltweite Bekanntheit des TSM*

Das TSM sowie das SIT oder SCT sind weltweit sehr bekannt und werden in vielen unzähligen Studien verwendet und geprüft. Somit könnte durch die große Bekanntheit von einer universellen Gültigkeit gesprochen werden.[32]

- *Jeder Mensch kann Stress empfinden*

Stress ist eine allgegenwärtige Erfahrung, die universell auftritt und von Menschen in allen Kulturen erlebt wird. Unabhängig von kulturellen Unterschieden und sozialen Kontexten können Stressoren und Belastungen in verschiedenen Lebensbereichen auftreten und Auswirkungen auf das individuelle Wohlbefinden und die Leistungsfähigkeit haben. Jedoch sind die Wahrnehmungen der Belastungen von Menschen zu Menschen unterschiedlich. Beispielweise sehen sich 46% der Befragten durch die Arbeit gestresst, andere 28% jedoch durch ständige Erreichbarkeit.[33] In diesem Sinne kann das Transaktionale Stressmodell (TSM) als theoretischer Rahmen dienen, um universell gültige Aspekte des Stresserlebens zu erfassen und zu bewerten.

- *Auswirkungen durch Stress*

Psychologisch bestehen zwei Formen an Stress, einmal eine langsame Reaktion und einmal eine schnelle Reaktion.[34] Jedoch hat jeder Mensch gewisse Auswirkungen durch Stress, welche sich nur anders bemerkbar machen. Bei manchen kann es bei Verspannungen bleiben, bei manchen evtl. bei Atemnot.[35]

- *Vergleiche unter Menschen*

Laut einigen englischsprachigen Studien, beispielsweise der vom Thriving Center of Psychology, liegt ein Vergleich unter Menschen in der menschlichen Natur und Bestandteil des Soziallebens. Somit gilt es als normal sich untereinander zu vergleichen, manche Quellen sprechen sogar davon, dass 10% aller Gedanken Vergleiche mit anderen Menschen sind.[36][37] Eine Studie von Eline Delmée aus dem Jahr 2021 bestätigt beispielsweise den Einfluss von einem sozialen Vergleich von Fähigkeiten auf die Eigenidentifikation mit Engagement eines einzelnen Menschen.[38] Hogg spricht in seinem

---

[30] Vgl. Kuo (2010), S. 1095 ff.
[31] Vgl. Hamamura (2016).
[32] Vgl. Google Suche (2023).
[33] Bundesamt für Gesundheit A (o.J.).
[34] Vgl. Chu et. al. (2022).
[35] Vgl. Bundesamt für Gesundheit B (o.J.).
[36] Vgl. Thriving Center of Psychology (o.J.).
[37] Vgl. Psychology Today (o.J.).
[38] Vgl. Delmée (2021).

Exemplar aus dem Jahr 2000 davon, dass „der soziale Vergleich ist ein allgegenwärtiges und grundlegendes Merkmal des Gruppenlebens. Menschen vergleichen sich mit anderen Gruppenmitgliedern, sie vergleichen sich mit Menschen in anderen Gruppen, und sie vergleichen ihre eigene Gruppe mit anderen Gruppen. Aus diesen Vergleichen entstehen Gruppennormen, Gruppenstrukturen und Beziehungen zwischen Gruppen, die wiederum den Rahmen für gruppenbasierte soziale Vergleiche bilden".[39]

Es bestehen zwar auch ablehnende Argumente, jedoch überwiegen die zustimmenden Argumente für die interkulturelle Gültigkeit dieser These.

---

[39] Hogg (2000).

Literaturverzeichnis

Bundesamt für Gesundheit A (o.J.) Wie verbreitet ist Stress und was sind die Auslöser? Abgerufen am 19.06.2023. Verfügbar unter https://gesund.bund.de/stress#haeufigkeit-und-ursachen.

Bundesamt für Gesundheit B (o.J.) Was sind die körperlichen und psychischen Anzeichen für Stress? Abgerufen am 19.06.2023. Verfügbar unter https://gesund.bund.de/stress#stresssymptome.

Chu, Brianna / Komal, Marwaha / Sanvictores, Terrence / Ayers, Derek (2022). Physiology, Stress Reaction. Abgerufen am 19.06.2023. Verfügbar unter https://www.ncbi.nlm.nih.gov/books/NBK541120/#:~:text=The%20physiology%20of%20 0stress%20response,mediated%20by%20the%20SAM%20axis.

Delmée, Eline (2021). The Impact of Social Comparison on Identity Development: a Mediation Model. Abgerufen am 24.04.2023. Verfügbar unter http://arno.uvt.nl/show.cgi?fid=157783.

Duden (o.J.). Interkulturell. Abgerufen am 16.06.2023. Verfügbar unter https://www.duden.de/rechtschreibung/interkulturell.

Ernst, Gundula / Franke, Alexa / Frankowiak, Peter (2022). Stress und Stressbewältigung, abgerufen am 03.06.2023. Verfügbar unter https://leitbegriffe.bzga.de/alphabetisches-verzeichnis/stress-und-stressbewaeltigung/.

Google Suche (2023). How known is transactional stress model. Abgerufen am 19.06.2023. Verfügbar unter https://www.google.com/search?q=how+known+is+transactional+stress+model&rlz=1C 5CHFA_enDE1035DE1035&sxsrf=APwXEde3wLgynIczAfFJb5P_FiqfOjzbLg%3A1687 275941387&ei=pcmRZLWXF8OckwXQ8aOoBA&ved=0ahUKEwj1_f7YmNL_AhVDzqQ KHdD4CEUQ4dUDCBA&uact=5&oq=how+known+is+transactional+stress+model&gs_ lcp=Cgxnd3Mtd2l6LXNlcnAQAQAzIICCEQoAEQwwQ6CggAEEcQ1gQQsAM6CgghEKAB EMMEEApKBAhBGABQ-AVY8A1g4w9oAnABeACAAAXOIAcYDkgEDNC4xmAEAoAEBwAEByAEI&sclient=gws-wiz-serp.

Hamamura, Takeshi (2016). Social Identity and Attitudes Toward Cultural Diversity: A Cultural Psychological Analysis. Abgerufen am 19.06.2023. Verfügbar unter https://www.researchgate.net/publication/311245668_Social_Identity_and_Attitudes_T oward_Cultural_Diversity_A_Cultural_Psychological_Analysis.

Hogg, Michael A (2000). Social Identity and Social Comparison. Abgerufen am 19.06.2023. Verfügbar unter https://www.researchgate.net/publication/43482446_Social_Identity_and_Social_Comp arison.

Huxel, Katrin (2013). Interkulturell. Abgerufen am 16.06.2023. Verfügbar unter http://www.inklusion-lexikon.de/Interkulturell_Huxel.php.

Klingenberg, Ingo (2021). Stressbewältigung durch Pflegekräfte. Springer Gabler, Wiesbaden.

Kuo, Ben C.H. (2010). Culture's Consequences on Coping: Theories, Evidences, and Dimensionalities. Abgerufen am 19.06.2023. Verfügbar unter https://scholar.uwindsor.ca/cgi/viewcontent.cgi?article=1012&context=psychologypub.

Li, Dong (2020). Stress Management at the Workplace: A Comparative Study between Chinese and German Companies. Abgerufen am 16.06.2023. Verfügbar unter https://epub.uni-bayreuth.de/id/eprint/5168/1/Stress%20Management%20at%20the%20Workplace%EF%BC%9AA%20Comparative%20Study%20bUTF-8Qetween_Chinese_and_German_.pdf.

Mummendey, Amélie / Otten, Sabine (2002) in Theorien der Sozialpsychologie, S. 95-119. Huber. 2. Aufl. o.O.

Nikolai (2021). Stressmodelle: ein Überblick über die verschiedenen Stressmodelle, abgerufen am 01.06.2023. Verfügbar unter https://www.wieentspannen.de/2021/01/stressmodelle-es-gibt-viele.html.
Psychology Today (o.J.) Social Comparison Theory. Abgerufen am 19.06.2023. Verfügbar unter http://arno.uvt.nl/show.cgi?fid=157783.

Schulz, Martin (2023). Gültigkeit – Philosophie Lexikon der Argumente. Abgerufen am 16.06.2023. Verfügbar unter https://www.philosophie-wissenschaft-kontroversen.de/gesamtliste.php?thema=G%C3%BCltigkeit.

Six, Bernd (2019). Identität und Selbst. Abgerufen am 10.06.2023. Verfügbar unter https://dorsch.hogrefe.com/stichwort/identitaet-und-selbst.

Spektrum (2000). Soziale Identität. Abgerufen am 10.06.2023. Verfügbar unter https://www.spektrum.de/lexikon/psychologie/soziale-identitaet/14513.

Stangl, W. (2023). soziale Identität – Online Lexikon für Psychologie & Pädagogik. https://lexikon.stangl.eu/12293/soziale-identitaet.

Studyflix (o.J.). Coping. Abgerufen am 05.06.2023. Verfügbar unter https://studyflix.de/biologie/coping-2965.

Taijfel, Henri (1978). Differentiation between Social Groups: Studies in the social psychology of intergroup relations. London: Academic Press (deutsche Übersetzung).

Thriving Center of Psychology (o.J.). Why Do Humans Compare Themselves To Others (And How to Stop)?. Abgerufen am 19.06.2023. Verfügbar unter https://thrivingcenterofpsych.com/blog/why-do-humans-compare-themselves-to-others-and-how-to-stop/#:~:text=Comparison%20is%20human%20nature%20and,baseline%20that%20can%20support%20growth.

Trödel, Lisa (2023). Das Stressmodell nach Lazarus erklärt: So entsteht Stress. Abgerufen am 05.06.2023. Verfügbar unter https://blog.hubspot.de/marketing/stressmodell-lazarus.

Wortbedeutung (o.J.). Interkulturell. Abgerufen am 16.06.2023. Verfügbar unter https://www.wortbedeutung.info/interkulturell/.

Zick, Andreas in Bonacker, Thorsten (Hrsg.)(2005). Sozialwissenschaftliche Konflikttheorien. VS Verlag. 3. Aufl. Wiesbaden.